D1723136

Franz Freisleder

Gebrauchsanweisung
für die
letzten Bayern

Franz Freisleder

Gebrauchsanweisung
für die
letzten Bayern

rosenheimer

© 1998 Rosenheimer Verlagshaus GmbH & Co. KG,
Rosenheim

Titelbild: Sebastian Schrank, München

Satz: Buch-Werkstatt GmbH, Bad Aibling
Druck und Bindung: Haßfurter Tagblatt, Haßfurt
Printed in Germany

ISBN 3-475-52928-9

Inhalt

9 Wahlmünchners Klagelied anno 2020

Bayern mit und ohne Schablone
Eine Stammeskunde
nicht nur für Nordlichter

12 Liberalitas Bavarica
16 Trauernde Bäuerin
17 Die Schale rau, der Kern oft zart …
oder: Wie wir uns selber sehn
18 Der glaubensstarke Altbayer
19 Der prominente Präsident
20 Schlagfertige Schwiegermutter
21 Fischsemmelfrau und bayerischer Dichter
22 Der gesellige Münchner
23 Grubers in Verona
24 Spuk im Schloss oder:
Bayernstolz beim Staatsempfang
25 Die Bayern-Schablone – gar nicht so ohne

Des sagn mir dazua
Boarische Ansichten

28 Kritik von »droben«
29 Heimliche Wünsche
eines unbekannten Altbayern
30 Rechtsprechung – nüchtern betrachtet
31 Der späte Kunstliebhaber

31 Lustige Witwe

32 Der Tröster

33 Der Schutzmann

34 Der beschlagene Taxifahrer

35 Wiggerl und das Schnäuztuch

36 Herr Huber und die Schlankheitskur

37 Bayerische Kirchen

38 Der Altbayer oder: Mögn und ned mögn

Bayerische Zwischentöne
Anmerkungen zu einen verzwickten Dialekt

40 Der mitfühlende Gastwirt

41 Ja mei

42 Gespaltenes Verhältnis zum Dialekt

43 Götz-Zitat

45 Konjunktur für Bayerisch-Kurse?

46 Ei und Oa

47 Belohnung für gute Betonung oder: Ruhpolding

48 »Echt bayerische« Speisekarte

Nord-Süd-Gipfel mit Hindernissen
Von unseren liebsten Nachbarn, den Preußen

50 Ein preußisches Stammesmerkmal: der Trachtenanzug

51 Liebeserklärung an einen Preußen

52 Zweimal Durscht

53 Weißwurst-Knigge

54 Weder Käse noch Leber – aber Leberkäs

55 Fremde Küche oder:
Was der Bayer nicht kennt, nimmt er
nicht zu sich

56 Ein Hoch auf die Schnellbahnstrecke!

Strukturwandel auf Münchnerisch
*Spaziergang durch eine neubayerische
City*

58 Der Millionenbauer

59 Grantler-Spaziergang durchs
alte Wohnviertel oder:
Strukturwandel in der Vorstadt

61 Der Saubua oder: Großstadtisolation

62 Schnupfts koan Schnee oder:
Bayerischer Konjunktiv

63 Der verlorene Sohn im Wandel der Zeit

64 Wohnen in München – demnächst

65 Hauptsache Lebensqualität

66 Fortschritt im Backofen

67 Herr Weigl und die Wohngemeinschaft

68 Immer dabei

69 Der Schlussverkaufs-Muffel

70 Stets aktueller Traumberuf

71 Drei Typen von der Trabrennbahn

73 Stadtviertelsanierung

74 Kramerladlsterbn

75 Reiche Millionenbettler

76 Gansbraten modern oder:
   Des is nimmer witzig, Mann

77 Vorsicht, uriges Landgasthaus

78 Eine bayerische Schwachstelle:
   der Nachahmungstrieb

79 Beim Gäubodenfest in Straubing

80 In der neuen Trabantenstadt

Wahlmünchners Klagelied anno 2020

Uns Münchner
aus Ruhrpott und Sauerland,
die drückt man heut eher
schon mal an den Rand.
An unserem Stammplatz,
bei Schuhmann's am Tresen,
da stehn jetzt aus Hongkong
die reichen Chinesen.
In Tegernsee drinnen,
Zweitwohnung und Villen
verkauft an Kuweitis,
Japaner, Tamilen.
In Harlaching, Grünwald,
gar in Bogenhausen:
nicht ein Gelsenkirchner mehr,
's könnt einem grausen!

Frau Schlaefke, die bei
Papadopulos putzt,
die hat man hinaussaniert –
nichts hat genutzt.
Einst kam sie nach München,
voll Hoffnung, aus Soest;
jetzt: S-Bahn nach Trostberg
ihr einziger Trost.

Die Neureichen, na,
die aus Leipzig und Halle,
die kommen und kommen
und werden nicht alle!
So einer, der fühlt sich
hier längst schon als Doge.
Und mein Logenplatz?
Seine Pförtnerloge!
Doch Schluss jetzt mit Jammern,
sonst müsst ich noch fluchen.
Will lieber den letzten
Alt-Münchner besuchen!
Der sitzt längst im Zoo
und dort kann man ihn sehn.
Und er hat's dort, verglichen
mit mir, wunderschön!
Er hat keine Sorgen mehr,
hat seine Pflege;
bei Sonnenschein, da darf er
raus ins Gehege
und kriegt auch sein Bierchen,
'nen Krug mit 'nem Liter.
Ich werf' ihm 'nen
Weißwürstelzipfel durchs Gitter.
Da hüpft er vor Freude
hinauf bis zum Wipfel.
Das ist wohl
so'n richtiges Schnada-Hüpfl.

Bayern – mit und ohne Schablone

Eine Stammeskunde nicht nur für Nordlichter

Liberalitas Bavarica

Mit den folgenden gereimten Margina-
lien zum Thema Liberalitas Bavarica
bedankte sich 1985 der Autor im
Cuvilliéstheater für die Verleihung des
Bayerischen Poetentalers.

I.

Da boarische Schlag
nimmt as Lebn liaba locker.
Er hoit nix
vo Indoktrinierer und Schocker.
Eahm passt jede Rass –
ob jetzt schwarz, ob Japaner;
da kann oana ois sei –
bloß ned Puritaner.
Für Schwächen –
ja mei, so lang s' ned penetrant san –,
da zoagt er Verständnis,
wenn s' eahm wesensverwandt san.
Kummt eahm aa
bei mancher Entwicklung da Grant
– er duad nix dagegn,
er is lang tolerant.

In dem Fall verwischt si
dann manchmal die Grenz:
Is des no liberal,
oder scho Indolenz?
Doch plötzlich – für oan,
der die Bayern ned kennt,
»ganz unangebracht«,
im verkehrten Moment –
da platzt eahm da Kragn,
da hat er dann gnua.
Er siecht nix mehr, hört nix mehr,
is bloß no stur,
indem, dass' mit seiner Geduid
einfach gar is.
Und mecht'n wer bremsn,
sagt er bloß: »Weil's wahr is!«

II.

Liberal san in Bayern
ned bloß Liberale –
für jedn Politiker
is des 's Normale.
So jedenfalls wolln sa se
uns gern vakaffa,
damit ihre Gschäfta
am Wahltag guad laffa.

13

Doch gegnseitig sagn sa si:
»Du bist as ned!«,
weil jeder da drunter
was anders versteht.
Zitiert den Begriff oana
dauernd voll Schmäh
– lateinisch gar,
»Bayern« mit Genitiv-ae –
auf den habts a Aug,
wenn er so kokettiert;
des is oft da Letzte,
der's aa praktiziert.

III.

Die heimischen Dichter,
die daadn mir bloß feiern,
wenn s' d' Glanzseitn herzoagn
vom weiß-blauen Bayern.
Die andern, hoaßt's,
waarn bei uns heftig umstrittn
und da, wo s' dahoam san,
no weniger glitten.
Ob Lautensack, Achternbusch,
Kroetz oder Brecht –
da machat's uns z'erscht amoi
gar koana recht.

Ja, ham denn die Leit
no nix ghert vo Geduid?
A jeder werd später
bei uns aa no gspuit!
Zuvor aber lass' ma s'
vo andere testn.
Und kummt dabei raus,
sie ghern mit zu de Bestn,
dann wern s' akzeptiert,
wenn s' aa no a so rot san
– und lang gnua
scho dod san.

Nachwort

Des gfreit mi: Sie lacha
da drüber, Sie schmunzeln –
doch siech i im Geist
scho auf mancher Stirn Runzeln,
wenn da oana stand,
hoaßat, sagn ma, Jens Reiche,
und sagat auf Hochdeitsch
so ungfähr des Gleiche,
und hätt vielleicht gar no
an leichtn Akzent,
so, wia ma'n vo Kiel
oder Dortmund her kennt –

Dann, moan i, kannt sei
(ja, da mecht i fast wettn!),
dass S' den da herinna
glatt auspfiffa hättn.
So zoagt si aa da
unser boarischer Schlag:
Liberal is der scho –
aber bloß, wenn er mag.

Trauernde Bäuerin

D' Stoffelbäuerin aus Markt Schwabn
ham s' die Tag' in d' Erdn grabn.
Und nach oida Bauern-Art
war s' z'erscht no dahoam aufbahrt.
Vui san kemma zu der Leich,
aa ihr Basl aus Alteich.
D' Stofflin is zwar ihr Verwandte,
doch die Gegend koa bekannte.
Drum fragt 's Basl unscheniert,
eh s' zum Friedhof mitmarschiert:
»Bittschee, sagt ma jetzt bloß oana,
wia's da Brauch is da mi'm Woana.
Woant ma scho dahoam am Haus,
oder erscht am Friedhof drauß?«

Die Schale rau, der Kern oft zart …
oder: Wie wir uns selber sehn

So wia vor guat vierhundert Jahr'
dem Bayern sei Charakter war
– da Aventinus hat's beschriebn –,
is ois bis heit beim Oidn bliebn.

Die Schale rau, da Kern oft zart,
des ghört zu unsrer Eigenart
wia 's Gradausdenga, 's Gradausredn,
ganz ohne Umständ', mit am jedn.
Uns kennan s' alle – gern beehrn,
bloß lass ma uns ned gern bekehrn.
Mir mögn's hoid gmiatlich, zünftig, bunt
– a Stückl Himmi scho herunt
in unserm weißblaun Paradies.
Wia's drobn kummt, woaß ma ja ned gwiss.

Zu Zeitn von de Wittelsbacha
– scho lang davor und aa no nacha –
ham s' uns mit andere vermischt.
Die ham aa unser Bluat aufgfrischt:
Da rauscht's drin fränkisch, schwäbisch, römisch,
öst'reichisch, oberpfälzisch, böhmisch.
Vom letztn Kriag da Flüchtlingsstrom,
dann d' Invasion vo Preißn drobn

– ois wachst zu oana Rass jetz z'samm,
gibt Saft und Kraft dem starken Stamm.
Und tat der Vater 's Land der Seppeln
vor seinem Zuzug noch veräppeln
– sei Bua singt in da Schui beim Feiern
schon »Gott mit dir, du Land der Bayern!«

Der glaubensstarke Altbayer

Da Huaba Sepp is zwar katholisch,
doch is des bei eahm mehr symbolisch.
Er zählt si hoid zu dene Menna,
die ned grad gern in d' Kircha renna.
Bloß ab und zu amoi, ganz gschwind.
(Dann siechst'n bei de Rossdiab hint.)
Sei Glaubn is oiso ned ganz fest
– doch werd er's jeds Moi dann, vastehst,
wenn's angeht mi'm Bekehrungsreign
am Wochenend: Jehovas Zeign
und Dschiesas Piepl und Mormonen
und Glatzköpf' (aa aus fremdn Zonen),
die auf da Straß mit ihre Glockn
die Leit zum Konvertiern verlockn.
Da hert er z'erscht a bissl zua,
dann denkt er si: »Ja, mir waar's gnua!
Was d' da ois glaubn soitst – 's is zum Schiaßn!
Mir glangt scho des, was mir glaubn miaßn.«

Der prominente
Präsident

Weil mi ois Präsident
in München jeder kennt,
brauch i auf Ehrenkartn
gar nia vergeblich wartn.
Jede Premier', jeds Fest
– i Ehrengast, verstehst.

Da gibt's doch kloane Leit,
die des partout ned gfreit.
Die schimpfa glei: »'zäfix,
mir zoin und der zoid nix!«
Im Meckern, da san s' schneidig!
(Wer sonst nix is, is neidig.)
Die dean, ois daad i wartn
auf meine Ehrenkartn!

Was des betrifft, ganz kurz:
Oft san die mir ganz schnurz!
Scho zwoamoi hat da heier
mei Putzfrau, die Frau Meier
– dass' wieder besser ziagt –,
vo mir zwoa Kartn kriagt:
Des oane, des war d' Salome,
da gibt's koa Pause, koa Büffee,

des ander Moi hat oana glesn,
da bin i bei de Weißwürscht gwesn.
Und wenn i zu de Weißwürscht geh,
na gibt's für mi koa Matinee.

Wia gsagt: Ma soi woaß Gott ned moana,
i denkat nia ned an die Kloana!

Schlagfertige Schwiegermutter

Drübn vom drittn Stock d' Frau Heydn
kann ihrn Schwiegersohn ned leidn.
Duad er ihr aa gar ned passn,
wui sa si nix nachsagn lassn,
wenn's ums Gschenk geht bei am Fest.
Ned dass' hoaßat dann, verstehst …

Aa des letzt Moi hat s' dro denkt,
hat eahm zwoa Krawattln gschenkt.
Wiara s' kurz drauf bsuacht, da Mo,
bindt er oans davo glei o,
dass er ja brav demonstriert.
Und er wart', wia s' reagiert.
Doch da erste Satz, den s' redt:
»Gell, die andre gfallt da ned!«

Fischsemmelfrau
und bayerischer Dichter

»Und was kriagt da Nächste?
A Fischsemme? – Da!
Sie san doch da Dings, gell?
Sie san's scho, ja, ja!
Beim Fernsehng, da hamma mir
neilich so glacht
mit Eahnane Verserln.
Was ham S' jetz glei bracht?
So irgendwas Boarischs
und doch ned so gschert …
Im Radio hab i Eahna
aa scho oft ghert.
Jetz so was! Wann san S' denn
as nexte Moi dro?
Da schalt i na ei,
wenn i irgendwia ko.
Doch macha S' fei ja
über mi koa Gedicht!
Jetz fallt ma was ei:
Sie, da wüsst i a Gschicht!
Des waar was zum Schreibn,
des is wirkli passiert:
I hab grad mit Wachs
unsern Boden eigschmiert

und d' Nachbarin läut',
bringt ma 's gliehane Oa
– damit i 's genau sag,
es warn sogar zwoa –,
an Bumserer duad's
und die Nachbarin draht's.
Und scho liegt s' am Bodn,
mitten drinna im Baaz!
I hab mi dakugelt!
Drum moan i, de Gschicht,
de eignet si wirkli
für Sie ois Gedicht!
Geh, dean S' doch Ihr Fischsemme
nomoi gschwind her,
na kriagn Sie von mir
no a paar Zwiefin mehr.«

Der gesellige Münchner

Die Meiers warn letzts Jahr in Grado;
a Ehepaar aus Mainz war aa do.
Dort ham s' mitnander manche Nacht
vui Rotwein drunga, gratscht und glacht.
Grad zünfti war's, drum moant da Meier:
»Ob's jetz nexts Jahr is oder heier –
kummts ihr nach München, schaugts vorbei,
mir wohna Westendstraß, auf drei.«

Die Tag' jetz grad, da war's so weit,
und in da Westendstraß hat's gleit.
Da Meier is an d' Tür higrennt,
macht auf und schreit glei, wiara s' kennt:
»Da seids ja endlich, ihr Schlawiner –
oisdann, heit Abnd im Augustiner!«

Moral:
Der Münchner liebt Geselligkeit
zwar außer Haus zu jeder Zeit,
jedoch dahoam – da is er stur –
dahoam, da hat er gern sei Ruah.

Grubers in Verona

Da Gruaba bsuacht mit seiner Frau
z' Verona drunt d' Arena.
Er hört si dort a Oper o
(a Stierkampf waar hoid scheena).
Doch plötzlich tritt a Säng'rin auf,
die hat an Mordstrumm Busn
und d' Stimm klingt wiara Glöckerl rauf.
Da Mo fangt o zum lusn
und stoßt sei Frau und sagt zu ihr:
»Hat die a Koloratur!«
»Pass auf«, sagt sie, »auf des, was' singt
– und ned auf ihr Figur!«

Spuk im Schloss oder:
Bayernstolz beim Staatsempfang

In Schleißheim geht a Schlossgeist um,
der draamt am Tag von Bayerns Ruhm
und in da Nacht treibt er sei Wesn
ois Blauer Kurfürst, auf am Besn.
Und schaurig hallt's dann übern Saal hi,
ruaft er nach Klenze und Zuccalli,
nach Zimmermann und nach Volpini
(der schreit glei zruck: »Jawoi, da bin i!«),
nach Asam, Günther, »Cufilier«
(aa der rührt sie sofort mit: »Hier!«).
»Bauts weiter«, sagt da Schlossgeist, »weil es
no scheener wern soi ois Versailles!
Boid kummt's so, dass mir ois pariert,
dass Bayern d' hoibe Welt regiert!«
Dann, nach zwoa Loopings in da Luft,
verschwindt da Schlossgeist in ara Gruft.

In Schleißheim is oft Staatsempfang,
da stengan s' dann im Park, im Gang,
mi'm dicken Kopf und mit ihrm Wamperl
– und nehma von dem Geist a Stamperl.

Die Bayern-Schablone –
gar nicht so ohne

Lassts'n hochlebn, lassts'n feiern,
unsern Witzblatt-Standard-Bayern,
wiara oft ois »Spiegel«-Buid
Hirn- und Zeitungsspalten fuit:
Schwarz wia Ruaß, so klerikal,
und koa bissl liberal
(bloß beim Fensterln wieder scho,
denn des duad er, wo er ko).
Und koa Spur von aufgeklärt,
naa, nur hinterm Mond und gschert.

Kummt ma eahm mit Intellekt,
schaugt er höchstens recht verschreckt,
macht sei Maul ned oamoi auf
– werd hoid wohl nix wissn drauf.
Is koa Wunder, denn vom Bier
sauft er scho ois Kind – und wia!

In da Friah steigt er in d' Höh,
schreit drobn urig »Dullijöh!«,
schiabt am Mittag fünf bis drei
rohe Knödl in sei Mai.
Hat er nur sei frische Maß,
is er harmlos und macht Spaß,

raucht »Wetschina« (koane Spreizn)
– doch ma derf den Leu ned reizn,
sonst hat mancher arme Tropf
schnell den Maßkruag auf seim Kopf.

Dieses weiß man auswärts schon,
beispielsweis auch drobn in Bonn,
wo sie, wenn s' oft no so druckn,
Bayerns Extrawürscht' halt schluckn
(so a Maßkruag duad ned wohl –
ja, des woaß sogar da Kohl!)

Drum sag i scho allerweil:
Nix gegn gsunde Vorurteil'!
Und mir wern mit dene ebn
aa in Zukunft ned schlecht lebn.

Des sagn
mir dazua

Boarische Ansichten

Kritik von »droben«

Norddeitsche Zeitungsleit,
die macha uns die Freid
und haun auf München los
und kritisiern ganz groß.

Fazit: Die Leit da leidn,
drum muaß ma München meidn.
Und Heilung von der Sucht
verspricht bloß oans: die Flucht.

Schreibts bittschön nur so zua
– mir san uns längst vui gnua!
(Doch – is des ned zum Woana? –
glaubn werd aa dene koana.)

Heimliche Wünsche
eines unbekannten Altbayern

I wünsch mir an Staat
mit der Donau ois Grenz
im Norden. Im Westen
gang's hi bis Bregenz.
Im Osten, da hätt i
die Schranken ganz gern,
im Auto drin grechnet,
a Stund hinter Wean.
Im Süden waar 's End erscht
am Hafen Triest,
grad wia beim Franz Joseph,
dem andern, verstehst.
Zum Schluss no ois Zuawaag
vom Rheinland die Pfalz …
Des san zwar bloß Hirngspinst' –
doch mi unterhalt's!

Rechtsprechung –
nüchtern betrachtet

Fahrst oan z'samm, machst mit deim Auto Mist
– hoib so schlimm, wennst dabei niachtern bist.

Hast zuvor a drei, vier Hoibe drunga,
muaß da Richta di glei tiafa dunga.

Anders is', duast du oan niederschiaßn.
Bist da niachtern, hoaßt's glei: doppelt biaßn.

No oans: Wennst scho bsuffa bist – je gressa
dann dei Rausch is, Freinderl, desto bessa.

Merk da oiso, hast du was im Sinn
und an Rest von Grips im Köpferl drin:

Sauf di dappig, denn sonst geht's da schlecht.
Oans, zwoa, gsuffa – Prost auf unser Recht!

Der späte Kunstliebhaber

Die Meierin, die hat grad 's Gfrett:
Ihr Mo liegt auf 'm Sterbebett.
»Mir ham uns doch so gern, mir zwoa
– und jetz waar i dann ganz alloa.
Des is no z'friah, des derf ned sei!«
So klagt s'. Da fallt ihr plötzlich ei:
Scho manche ham Gelübde gmacht
und san dann gsund worn über Nacht.
»Mach an Vaschpruch!«, rat s' drum ihrm Mo.
»Vaschprich was, des d' no nia hast do!«
»Gsund wenn i wer«, sagt drauf da Meier,
»na dua i 's. Und sogar no heier:
Na geht mei allererster Weg
schnurstracks nei in d' Pinakothek.«

Lustige Witwe

A Witwe kummt aufs Standesamt,
sie braucht a paar Papiere:
»Wann is Ihr Mann gstorbn?« – »Vor acht Jahr'.«
»Ham S' Kinder auch?« – »Ja, viere.«
»Wie alt sind die?« – »Da Maxl sechs,
die Zwilling' vier, zwoa d' Li.«
»Ihr Mann ist doch schon acht Jahr' tot!«
»Der scho – aber ned i!«

31

Der Tröster

»So schnell kann's geh«, sagt d' Meierin,
»jetz is da Haberl gstorbn!«
Ihr Mo, der nickt und sagt: »Jaja –
bloß sechzge is er worn.«
Die Mei'rin drauf: »Dreißg Jahr' zu zwoat
und plötzli ganz alloa!
Des is für d' Haberlin fei schlimm.
Was werd s' wohl jetz na doa?
Wenn i da so an uns zwoa denk,
wia des auf oamoi waar,
wenn oana von uns fortgeh miaßt ...«
Er tröst s': »Nimm's ned so schwaar
und mach da doch um sowas jetz
no koan Gedankn, Muada!
Stoßt oam von uns amoi was zua,
na ziag i zu meim Bruada.«

Der Schutzmann

Ois Schutzmann bist amoi wer gwesn:
Hast bei de Madln, kruzinesn,
wennst guat beinand warst, Eindruck gschundn.
Doch heit – i sag's ganz unumwundn –
bist du da reinste Fuaßabstreifa!
A jeder geht im blindn Eifa
auf di los, hat er aa koan Grund.
Wia hoaßt's? Den Letztn beißt da Hund!

Machst auf da weichn Münchner Welle,
na schmeißn s' dir a Trumm an' Belle.
Und nacha gibt's aa no so Kerl,
de hoaßn di »Faschistngschwerl«,
schrein »Nazi-Schläger!« voller Hohn –
und des ois für an Hungerlohn!

Deads ihr ned boid uns Schutzleit schützn,
steigts uns an Huat – vuimehr: auf d' Mützn!

Der beschlagene Taxifahrer

Da Droschkenfahrer Heindl Maxe
kutschiert an Fremdn mit seim Taxe.
Da Fahrgast findt die Stadt recht schee,
sicht linker Hand a Denkmoi steh
und mecht gern wissn, wer des is.
Da Fahrer, denkt er, woaß des gwiss.
Und wirkli, er braucht ned vui fragn,
da Maxe zoagt si glei beschlagn:
»Mi interessiert zwar so was wenig
– irgend a Herrscher oder Kenig.
Mir Münchner dean's hoid, seit ma's kenna,
ganz einfach Schiller-Denkmoi nenna.«

Wiggerl und das Schnäuztuch

Da kloane Wigg steht auf da Straß
und woant dabei recht laut.
Am Mo, der'n fragt, warum, sagt er:
»Da Babba hat mi ghaut!«

»Der muaß da scho recht wehdo ham,
du bist ja ganz dakumma!
Was hat da Babba«, fragt da Mo,
»denn da zum Zuahaun gnumma?«

»As Schneiztuach«, sagt da Kloane drauf.
»Na dua di wieder kenna!«,
moant jetz da Mo – a Taschntuach
waar doch koa Grund zum Flenna.

»Beim Babba scho!«, kummt's ganz verschnupft.
»Da reißt's di aus'm Gwand.
Der schneizt si nämli allawei
ganz einfach mit da Hand!«

Herr Huber und die Schlankheitskur

Da Huaba macht a Fastenkur.
Ganz eisern, denn da is er stur.
Doch san die vierzehn Tag' vorbei,
dann isst da Huaba glatt für drei.
Seim Magn, dem is die Gschicht zu dumm,
drum haut's den Huaba plötzlich um.

Die Huabarin, sonst ned die Dimmste,
schreit glei entsetzt und denkt ans Schlimmste:
»Zum Pfarrer renn i um dei Lebn,
der muaß da d' letzte Ölung gebn!«

Da stöhnt da Huaba in seim Bett:
»Um Gottswuin, naa – jetzt bloß koa Fett!«

Bayerische Kirchen

Oide Kirchn in Bayern
des san Kirchn zum Feiern,
san, ob groß oder kloa,
wahre Festtag' aus Stoa!
Schaugts nach Rott und in d' Wies:
wiara Stück Paradies,
von de Vorfahrn uns gschenkt.
Ob ma oiwei dro denkt,
an de vuin tausnd Stundn,
de sa si dabei gschundn?
No dazua war die Zeit
ganz gwiss ärmer ois heit.

Drum miaßn mir, die ma
de Erbschaft verwaltn,
den boarischn Himmi
da Nachwelt erhaltn.

Was moanan S'? Drobn waar's ned so,
wia ma's uns draama?
Dann mecht i's erscht recht
da herunt ned vasaama!

Der Altbayer
oder:
Mögn und ned mögn

Beim Redn ned vui Danz;
beim Schreibn ned vui Pflanz,
bei de Madln was dro,
dass ma higlanga ko;
und vorm Essn scho 's Bier
– jawoi, des mögn mir!
A aufgrissns Mäu;
a extreme Partei;
a Weißwurscht, a koide;
a bissige Oide;
und a Schlankheitsdiät
– naa, des mögn ma ned!

Bayerische Zwischentöne

Anmerkungen zu einem verzwickten Dialekt

Der mitfühlende Gastwirt

A Wirtschaft, draußn vor da Stadt,
am Waldrand, wia ma's hoid gern hat.
D' Sonn brennt vom Himmi, und des wia,
da Wirt steht vor da Wirtshaustür.
Da hatschn zwoa des Wegs daher.
Vo weit'm siehgst scho: Sie und er,
die san vo drobn runta, ned vo hier
(no ja, da kennan s' nix dafür).

Marode san s', Durscht ham s' recht vui,
drum sinkn s' in an Gartenstui.
»Gell«, sagt voll Mitleid da der Wirt,
»bei der Bluatshitz, da werst hundsmüad.«

Drauf sie (beleidigt und recht gschnappig):
»Ihr Ton ist aber reichlich happig!«

Da Wirt: »Was zreißn S' denn Ihr Mai?
I hob ma doch nix denkt dabei,
i hob ja doch bloß gmoant, gnä Frau,
weil S' schwitzn miaßn wiara Sau!«

Ja mei

Da Bayer, des woaß ma,
der redt ned gern vui.
Speziell, wenn dazuakummt,
dass er aa ned wui.
Da gibt's dann an Spruch,
in den legt er ois nei,
und der hoaßt »Ja mei«.

Kummt oana spät hoam
und sei Frau geht in d' Luft:
»Wia kann ma denn bloß
so lang ausbleim, du Schuft!«,
lasst er si auf gar koa
Debatte ned ei
und sagt bloß: »Ja mei …«

Haun s' Bayern sechs Türl nei
und jammert wer drüber
bei oam, der ois Sechzger
für Bayern nix über
hat, zahnt der recht foisch
und begnügt si dabei
mit am langa »Jahaa mei …«

Dei Waschmaschin tröpfelt,
du lasst as glei richtn:
Achtzg Markl für d' Anfahrt,
an Fuchzger fürs Dichtn –
und du moanst voll Zorn,
des waar Preistreiberei,
kummt entrüstet: »Ja mei!«

Mei Verserl vor Augn,
denkt vielleicht wer beim Lesn:
»Der is aber aa
scho amoi besser gwesn.
Ja, fallt denn dem Freisleder
nix Gscheits mehr ei?«
Oiwei wieda – ja mei.

Gespaltenes Verhältnis zum Dialekt

Redt oana Dialekt,
san vui Leit glei verschreckt.
De Kinder werd's verwehrt,
denn: Dialekt is gschert,
und lasst di du auf Boarisch hern,
kannst niemals nicht was Bessers wern.

Für Hochdeitsch halten s' »mitten mang«,
und »klar Jungs« oder »hier geht's lang«,
weil eahna imponiert,
wenn wer so schwadroniert.
Erscht wenn ois woaß, dass so a Mo
ganz gwieß aa Hochdeitsch redn ko,
kriagt er am Dialekt an Schpaß.
Mir samma scho a seltne Rass.

Götz-Zitat

Der Bayer hat das Götz-Zitat
aus manchem Anlass schnell parat,
doch ist's nicht – wie's dem Fremden scheint –
in jedem Falle so gemeint.

»Ja, *da* leckst mi«, tut ihm entschlüpfen,
möcht er gern ein Gespräch anknüpfen,
weil das die Frage provoziert:
»Herr Nachbar, was is denn passiert?«

»Ja *mi* leckst!«, ruft er voller Schwung
im Sinne von Bewunderung,
wenn oana, ohne dass'n druckt,
zur Brotzeit zehn Paar Weißwürscht' schluckt
und dann sagt, weil er elf Paar mecht:
»Jetzt waar hoid no was z' Essn recht …«

Auch allgemein, ganz unpersönlich
ist der Gebrauch nicht ungewöhnlich:
Fahrt er in' Grabn mit seim Rolls Royce,
sagt er: »Da leck mi doch glei *ois*.«

Als sanfte Warnung er's gebraucht,
fühlt er von jemand sich geschlaucht.
Des is scho nimmer ganz zum Lacha
und hoaßt: »Du, gell, jetzt *leckst* mi nacha!«

Erst wer den Faden der Geduld
beim Münchner völlig abgespult,
dem zeigt er's dann und sagt nur noch:
»Geh, *leck* mi doch …«

Konjunktur für
Bayerisch-Kurse?

»Da Dialekt is wieder gfragt«,
liest ma jetz oft. Und oft werd's gsagt.
Da Trend, hoaßt's, gang zur Zeit ganz heftig
in Richtung urig, Richtung deftig.
Da letzte Schrei bei dera Gschicht:
Sprachkurse, Boarisch-Unterricht.
Doch denkt wer: »Ick zahl fuffzich Eier
und sprech dann wie 'n echter Bayer«,
na muaß i den jetzt schnell kuriern
und notfalls aa dabei frustriern:
A Boarisch-Kurs is Privileg!
Da gibt's koan »Zwoatn Buidungsweg«.
Gebn duad den Kurs a Lehrerin.
Ned oane in am Schulhaus drin,
wo bloß no hoib so groß da Gschpaß.
Dei Lehrerin, des is dei Straß!
Und war's in deiner Kinderzeit
von deiner Straß nach München weit,
na huift dir heit aa koa Professa.
Lass' bleibn – des is für alle bessa.

Ei und Oa

Die Adelheid vom Isarstrand
is mit am Herrn aus Kiel bekannt.
Und der findt's oiwei bsonders nett,
wenn sie mit eahm recht boarisch redt.
Er mecht's aa selber gern probiern,
doch sie moant: »Des muaßt erst studiern!
Pass auf: Statt Ei heißt's bei uns Oa,
statt eins und zwei heißt's oans und zwoa;
und heißt, des heißt ganz einfach hoaßt,
und weißt du heißt ganz einfach woaßt.«
Da Kieler denkt si: »Wunderbar,
jetzt ist mir alles sonnenklar!«
Und schreibt ois Lohn fürn Unterricht
da Heidi folgendes Gedicht:
»Hoadi! Moane Loadenschaft
loaht mir Mut und loaht mir Kraft:
Auf die Stoalwand stoag ich loas,
roaß dir ab oan Edelwoaß.
Stürz ich, tu ich dir dann Load,
hoaß geliebte Adelhoad?«

Nota bene:
Kummt's aa am Kieler komisch vor
– ned jedes Ei werd glei zum Oa.

46

Belohnung für gute Betonung oder: Ruhpolding

Wenn jemand in Ruh*pol*ding war
und sagt's auch so, dann ist ganz klar
und jeder Eingeborne weiß:
Der Jemand ist bestimmt ein Preiß.
Tät er das Wort korrekt betonen,
es würde sich ganz sicher lohnen!
Denn wer es *Ruh*polding ausspricht,
der ist gewiss kein Greenhorn nicht!
Man schickt ihn dann nicht mehr mit Stangen
des Nachts zum Wolpertingerfangen.
Hat er 'nen Schwips, wird laut und singt
und möchte jetzt gleich unbedingt
den alten Kaiser Wilhelm sehn,
wird man auch das ihm zugestehn.

Drum, Wanderer, der du vom Norden
jed's Jahr nach Süden kommst in Horden,
befolge meinen kleinen Tipp:
Du wirst behandelt wie ein VIP
und bist als Preiß in Bayern King,
sagst statt Ruh*pol*ding *Ruh*polding!
Doch mehr sollst du dann auch nicht wagen.
Das Wort im Dialekt zu sagen
macht dir nur wieder Schererei,
denn »Ruahpading« verrenkt dir 's Mai.

»Echt bayerische« Speisekarte

Des woaßt,
überall hoaßt ma ois, wia's hoaßt:
So hat sein Schlagobers da Wiener,
seine Schrippen der Berliner
und in Hamburg ziang s' a Gfriß,
woaßt ned, was a Rundstück is.
Bloß mir Bayern san so Bledl,
sagn brav Klöße zu de Knedl
und voll ete und petete
zu de Ruam dann Rote Beete,
aa zum Topfn, des is stark,
sagt fast jeder heit scho Quark,
»ale« hoaßt morgen vielleicht gar 's Bier
– des san mir.

Nord-Süd-Gipfel mit Hindernissen

Von unseren liebsten Nachbarn, den Preußen

Ein preußisches Stammesmerkmal: der Trachtenanzug

Du, des kann da fei passiern
(braucht di aber ned scheniern):
Kimmst wo hi und muaßt dort steh,
Sekt gibt's und a koids Büffee,
»Prösterchen«, sagt grad a Mo,
hat an Trachtenanzug o.
Und da ander, waar ja glacht,
selbstverständli aa in Tracht,
sagt drauf: »Sehr zum Wohl, Herr Krause
– übrijens, wie jeht's zu Hause?«
Gar ned lang, dann san s' zu viert:
ois in Grau, grea paspoliert.
Gehst schnell naus, kummst wieder zruck
– san's scho zwanzg im »Munich-Look«!
Bloß oana is im blauen Anzug bei der Feier.
Und des, mei liaba Freind, bist du – da Bayer.

Liebeserklärung
an einen Preußen

Uwe Mors aus Blankenau
hat 'ne Münchnerin zur Frau.
Und die ist mit ihm seit Jahren
in der Ehe gut gefahren.
Trotzdem: Gibt's a Tratzerei
gegen »Preißn« – sie dabei!

»Bin ich dir so schlecht bekommen?
Hättste mich ehm nich genommen!«
Uwe sprach's einmal und schmollte,
als sie seinen Stamm verkohlte.

Doch mit Herz und mit Verstand
sie das rechte Trostwort fand:
»Sei ned eigschnappt, Uwe, kimm,
des is ois bloß hoib so schlimm:
Oan dapackt ma ohne Zweifi
– bloß im Rudel habts an Deifi!«

Zweimal Durscht

Nachmittags im Hofbräuhaus:
Ein Herr aus Blankenese
nippt stundenlang an einer Maß,
isst dazu Brot und Keese.

Daneben sitzt ein Bayer
und der trinkt, nicht übertrieben,
in ungefähr der gleichen Zeit
– glatt sieben.

Der Herr von oben ist pikiert.
Er denkt sich: Junge, Junge,
schaut strafend seinen Nachbarn an
und sagt mit spitzer Zunge:
»Bei uns, da trinkt ein feiner Mann
nur gegen Durst, sonst nich!«
Der Bayer drauf verachtungsvoll
(und lang gedehnt): »Wia 's Viech.«

Weißwurst-Knigge

Fremdenzeit: Ein Herr Benthin,
einjetroffen aus Berlin,
neben sich noch seine Braut,
bstellt si: »Weißwürstel mit Kraut
und dazu 'nen Schlach Püree,
Brot, ein Wein und einen Tee!«
»Ja, um Goods wuin!«, schreit a Mo.
»Was duasd du de Weißwürscht' o!
Doch weilsd' mir sympathisch bist,
sag i dir, wia ma die isst:
Mit'm Messa quer hoibiert,
dann a weng im Senf rumgschmiert
(bloß an grobn ›Münchner‹ fei!)
und dann zuzlt mit'm Mai.
Außerdem isst bloß a Gletzn
Brot dazua anschtatt a Brezn.
Owischwoam miaßts aa ois Preißn
ois mitnanda mitara Weißn!«
Herr Benthin und seine Braut
ham bloß recht verwundert gschaut.
Er zu ihr: »Wat will der da?
Det war wohl schinesisch, wa?«
Des is traurig, aber wahr.
Und so kummt's, dass Jahr für Jahr
Weißwürscht' bstellt wern mit Püree
und mit Kraut – und aa mit Tee.

Weder Käse noch Leber –
aber Leberkäs

Da Bayer hat am Leberkaas
zu jeder Tageszeit sein' Spaß.
Wenn er gar Rammin hat und dampft,
werd er ois bsonders Schmankerl gmampft.

Und nia kaam oam die Frag in' Sinn:
»Warum is da koa Leber drin?«
Es sei denn, dass der Mo ned hiesig,
der fragt – wia neilich da Herr Kiesig.

Sagt drauf die Kellnerin, die Zenz:
»Des is bloß zwengs da Konsequenz:
's geht ja um d' Leber ned alloa,
ma müaßt dann no an Kaas neidoa.
Des gang zwar und waar aa a Gricht,
– jedoch kein Leberkäse nicht!«

Fremde Küche
oder:
Was der Bayer nicht kennt, nimmt er nicht zu sich

Sauerbraten in der Tunke,
Leibgericht von Frau Karsunke,
der kam immer auf die Platte,
wenn sie liebe Gäste hatte.

So auch bei der letzten Feier,
wo Herr Xaver Obermeier,
wohnhaft München-Ost (in Haar)
unter den Besuchern war.

Kaum stand auf dem Tisch der Schmaus,
rief der Xare plötzlich aus:
»Da schaug her, was mir heid kriagn!
In da Soß, da schwimma Fliagn!«

Antwort: »Nee, det sin Rosinen.
Kennt man wohl nich, was, bei Ihnen?«
Er drauf: »Weinberl? Liaba Schiaba!
Da waarn mir ja Fliagn no liaba!«

Ein Hoch auf
die Schnellbahnstrecke!

Vo Nord nach Süd, da baun s' zur Zeit
a Mordstrumm Schnellbahnstreckn.
Des is für manche Leit a Freid,
für andre mehr a Schreckn.
Ois Münchner bist, wenn s' fertig is,
fei scho da Allerärma.
Am besten machst glei »Rei und Leid«.
I her s' scho, wia s' drobn schwärma:
»Wenn ick, zwohundertfuffzich drauf,
per Bahn nach Bayern brause,
dann bin ick in drei Stunden da
– det is ne Riesen-Sause!
Und billjer als mit Flugbilljetts!
Mann – det is jroße Klasse!
Da komm ick nich alleene nur,
da komm ma gleich ang masse!
Da komm wa nich im Urlaub bloß,
da komm wa jede Woche!
Da is in Tejernsee wat los
und auf dem Jemsenjoche!
Wat wa jeträumt – die Bahn macht's wahr,
sind ooch de Bayern beese:
Die Zugspitz und da Wendelstein
– Hausberg von Blankenese!«

Strukturwandel auf Münchnerisch

Spaziergang durch eine neubayerische City

Der Millionenbauer

Mei Vatta war a Stadtrand-Bauer,
drum bin i heid da Allerschlauer.
Sitz bei de Spezln und schbui Kartn
und brauch nix doa sonst ois wia wartn.

Brauch koane Küah' mehr, koane Kälber,
da Diridari wachst von selber,
seitdem auf meine sauern Wiesn
die Hausstöck' aus'm Boden sprießn.

Wenn i aa nix vaschenga ko,
so bin i doch a brava Mo:
Bin Helfer gega d' Wohnungsnot
und schaff dem Bauarbeiter Brot.

Und trotzdem, i gib's offen zua,
find i auf d' Nacht oft gar koa Ruah.
Da draam i oiwei von de Rodn
und bibber um mein Grund und Bodn.

Grantler-Spaziergang
durchs alte Wohnviertel
oder:
Strukturwandel in der Vorstadt

Wenn ma amoi mehrer Jahr'
nimmer in seim Viertel war,
mecht dort wia ois Bua rumrenna,
werd ma's beinah nimmer kenna.

In da Wirtschaft Burenschank
is d' Filiale von ara Bank.
Drübn im Fuimeck, woaßt as no:
Woidrausch, Gouverneur und so,
Truxa, Goid und Kameradn –
da is jetz a Discount-Ladn.

Aa da Metzgermoasta Renner
hat si nimmer hoitn kenna.
Anstatt Suppnfleisch und Boana
gibt's da drin jetz Edlstoana.

Und am Bäckermoasta Meier
sein Trumm Ladn ham s' aufteilt heier
in zwoa Hälftn, zwoa Boutiquen –
oamoi Gwand, oamoi Perückn.

Glei danebn im Kramerladl
von da oidn Zenta Bradl
gibt's oids Glump und Modern Art –
a Student hockt drin und wart'…

Überm Gschäft vom Xaver Eder,
»Ihr Garant für Markenräder«,
Windt, Viktoria und Rex,
steht jetz schwarz auf rot groß »Sex«.

Soll ma weitergeh? Ma schwankt.
Und stellt schließlich fest: Es glangt.
Denn vom Wandel der Struktur
hat ma nach dem Rundgang gnua!

Hoit: Oan Pluspunkt lassts mi nenna:
Vui Fassaden san heit scheena!
Doch da woaßt hoid aa ned gwiss,
wia schee dass' dahinter is …

Der Saubua oder:
Großstadtisolation

Da frechste Hund im ganzen Block,
des is da Horst vom dritten Stock.
Dahoam hoaßt's: »Bua, lass da nix gfoin
und denk da nix, verstehst, mir zahln …«
Kummt hinter eahm wer, haut der Bua
die Tür dem vor da Nasn zua.
Koa »Griaß Gott« und koa »Pfia Gott« kennt er.
A Kloana wenn den siecht, na rennt er,
denn: Gibt's koan Zeign, koa Frau, koan Mo,
na duad er dem bestimmt was o.
Wenn's eahm pressiert, geht er in' Keller.
Des riacht ma zwar – doch geht es schneller.
Da Rentner Spann siecht neilich rot
und hat eahm mit ara Watschn droht.
Drauf sagt da Horst: »Des lasst mi koid,
mei Vatta, der ist Rechtsanwoid.«
Ja, ja, da Hausmoasta, da Specht,
hat neilich erscht an »Brauna« blecht
fürs Rote Kreiz – der ziagt a Gfrieß! –,
weil eahm bei dem d' Hand ausgrutscht is.
D' Muatta vom Horst philosophiert:
Da Großstadtmensch sei isoliert;
die Wohnblöck' waarn nix – hat sie gsagt –,
es gaab mit Nachbarn koan Kontakt.

Schnupfts koan Schnee oder: Bayerischer Konjunktiv

Boarisch richtig konjugiert,
dass de Gschicht aa rutscht wia gschmiert,
is im Konjunktiv a Kunst.
Mancher plagt si da umsunst.

Früher, anno einst im Mai,
hat's des Beispui gebn mi'm Schmai.
Doch für die Jeunesse dorée
gibt's statt Schmai heit bloß no »Schnee«.

Oiso, auf geht's mi'm Probiern,
deama fleißig konjugiern:
Boi i an Schnee hätt, schnupfati'n
(wenn des mei Bua waar, rupfati'n);
boi du an Schnee hättst, schnupfatst'n
(wenn des dei Bua waar, rupfatst'n);
boi er an Schnee hätt, schupfata'n
(wenn des sei Bua waar, rupfata'n);
hä'n mir an Schnee, na schupfatma'n
(waar's unser Bua, na rupfatma'n);
hätts ihr an Schnee, na schnupfats'n
(waar's eier Bua, na rupfats'n);
und boi sie an Schnee hä'n, na schnupfatns'n
(und wenn's eahna Bua waar, na rupfatns'n).

Notabene:
Doch i rat alle Guru-Kinder:
Schnupfts liaba Schmai, der is vui gsünder.
Der reinigt 's Hirn und is des Wahre
– da brauchts ihr nia koan Krishna Kare!

Der verlorene Sohn
im Wandel der Zeit

In eisgrauer Vorzeit,
mei Liaba, guat Nacht,
ham s' gsagt: »So a Hammi,
der werd einfach gschlacht!«

Auf Christlich hoaßt's später:
»Du warst zwar a Rammi,
doch weilsd' wieder da bist,
schlacht i dir an Hammi.«

Heit rennt ma – die Soziologie
gibt ihrn Segn –
so oam scho
mit bratene Hammin entgegn!

Wohnen in München – demnächst

Am Stachus treffa si zwoa Menna,
die si schon von da Schui her kenna.
»Mensch Max« – »Mensch Kare!« – »So a Freid!«
»… seit zwanzg Jahr' nimma gsehng bis heit!«

Wia s' ratschn, die zwoa, mitanander,
fragt interessiert den oan da ander:
»In welcham Vorort wohnst jetzt drauß,
dass i di bsuacha ko, oids Haus?«

»I wohn herinna in da Stadt«,
sagt drauf da Karl. Da Max is platt:
»Ja, hast denn du a Erbschaft gmacht?
Bist Millionär worn über Nacht?
Sonst kann si doch des neamds mehr leistn!«
Da Karl: »Ja, ja – des glaubn die meistn.
Doch gibt's oan Ausweg, Gott sei Dank:
Hausmoasta wern in ara Bank!«

Hauptsache Lebensqualität

Unsa Nachbar hat a Haus.
Hinterm Haus, im Gartn drauß,
neba Rosnstöck und Ginster,
steht a Baum. Und der macht finster.
Absägn derf er 'n leider ned,
zwengs da Lebensqualität.

In der Großstadt, a Allee.
Alle findn s' wunderschee.
Doch dem Stadtrat is des scheiß-
wurscht: Der wui a Trambahngleis.
Busverkehr? Naa, leider ned
– zwengs da Lebensqualität.

Die Moral von dera Gschicht:
Mit am Schlagwort is ois gricht!
's geht – verschtehst du des aa kaum –
ums Prinzip, ned um an Baum!
Ob der foit jetzt oder steht
– Hauptsach: Lebensqualität!

Fortschritt im Backofen

In jeder Straß, an jedem Eck aa
– wosd' higschaugt hast, da war a Becka.
Grennt san die Stift', ihr Kirm am Buckl,
mit Mauraloawi, Pfenningmuckl,
mit Kaisersemmin, Eierweckerl
und tausnd raffinierte Geckerl.
In jedem Ladn fünf Sortn Brot.
An Auswahl war da gwiss koa Not.

Jetzt wern de Becka wene
– boid san s' vielleicht no zehne.
Im Kunstblock, neba'm English House
– a so wo stelln s' ihr War dann aus:
Brenzn aus da Boutique,
so vier, fünf Mark as Stück.

Und wer si des net leistn ko,
der stellt si hoid im Großmarkt o.
Da gibt's dann anstatt Remische
bloß mehr oa Sort'n: Chemische …

Herr Weigl und
die Wohngemeinschaft

Eizogn is in am saubern Haus,
solide Leit und ned weit drauß,
vor fünf, sechs Monat' ungefähr
a Wohngemeinschaft im Parterre:
Studenten, beiderlei Geschlechts,
der Medizin und aa des Rechts.
»Des derfat's in dem Haus ned gebn!
Wia die da durchananda lebn!
Auf d' Nacht brennt Liacht bis lang nach zwölfe
und aufsteh dean s' oft erscht um elfe.
I sag, dass des glatt Kuppelei is,
wenn da drin einfach ois so frei is!«

So lasst si Herr Sebastian Weigl
aus über des »Kommunen-Zeigl«.
Grad kummt er wieder d' Treppn runter.
Sei Gang ist heit Abend bsonders munter.
Im Stiagnhaus is die ganze Luft
oa schwaarer Aqua-Silva-Duft.
Er hat si nomoi gschwind rasiert.
Zur Freindin geht's jetz ab wia gschmiert.
Zum Auto rennt er glei im Trab!
Sei Frau, drobn in da Küch, spuit ab …
Ois waar in dem Haus wunderbar,
wenn bloß ned die Kommune waar …

Immer dabei

Oiwei dabei, wo d' Musi spuit:
Ois Bua, da hat er si scho gfuit,
hat kommandiert den Jungzug drei.
Kaum war da braune Spuk vorbei,
hat er sei Kraft de Amis glieha,
beim GYA, ois Umerzieha.

A paar Jahr' später taucht sei Belle
scho munter aus da Apo-Welle;
er is bei dene stark beteiligt,
für die da Zweck die Mittel heiligt.

Zur Zeit guit bei eahm unbestrittn:
»Was links is, des vadirbt de Sittn.«
Er gibt si stink-konservativ.
Naa, gscheit is der ned – aba wief!

Der Schlussverkaufs-Muffel

Da renna d' Leit im Dauerlauf
zum Schlussverkauf, zum Schlussverkauf.
Die Weiber oft glei z' dritt!
(I mach ja da ned mit.)

Sie drucka si mit Gwalt nach vorn
beim Hertie und dann glei beim Horn,
beim Eder und beim Beck.
(Ja, mir gangst – nix wia weg!)

Sie kriagn vor lauter Schaung und Schaung
glei soiche Trümmer Batzl-Augn
und kanntn si doch denga:
Neamds hat was zum Vaschenga.

Die Schlimmste is mei Nachbarin:
Hat die mir doch im Kaufhof drin,
bloß zwengs am Sofakissn,
drei Knöpf vom Mantl grissen!

Stets aktueller
Traumberuf

Wenn Sie oan fragn, was er gern waar,
hoaßt's oft: »A Fuim- und Fernsehstar!«
I waar auf so was ned versessn:
heid »in« – und morgn vielleicht vergessn.

Bloß oan kenn i, der a Pfunds-Mo is,
der scho, solang i woaß, vorn dro is:
Lu Tennant hoaßt er. Sie wern lacha:
Bei dem daad i a Ausnahm macha!

Jetzt sagn S' fei bloß, den kennan S' ned
und dass er nia im »Gong« drin steht.
Er kummt – da spitzn S' nur Ihr Ohr –
in jedm Ami-Krimi vor.

Lu Tennant is jeds Moi dabei.
Der Mo muaß Geld ham, mehr wia Hei!
Drum waar i bloß gern Fernsehstar,
wenn i da Herr Lu Tennant waar.

Drei Typen von der Trabrennbahn

1. Der Schieber

Heit, mei Liaba, heit werd zoppt!
Und die Wetter, die wern gfoppt!
Mit meim guadn Favoritn
bleib i schee schdaad in da Mittn,
reiß'n auf und lass'n hupfa,
sonst daad der ja alle schnupfa!
Und zum Schluss gwinnt ganz a Krumma
(mei Ticketl hat sei Numma).
Lang geht aber so was nia
– und drum bin i oiwei stier.

2. Der Crack

Ihaha und hintnaus zündt!
Im Renna sehgts mi bloß vo hint!
Sausn konn i – 's is koa Witz –
schneller fast ois wia da Blitz!
Wenn da Hafer mir ned schmeckt,
san s' glei alle ganz vaschreckt.
Fehlt ma was an meine Haxln,
dean s' as glei mit Fluid eiwaxln.

Heit bin i hoid no begehrt!
Wia des später amoi werd?
Kämpfa muaßt ois Hengst wia Blücher,
dann is dir da Harem sicher.
Andernfalls landst ohne Zweifi
auf da Wuidbahn – oh, pfui Deifi!

3. Der Wetter

Au, varreck, jetz is' passiert:
's Ross ham s' disqualifiziert!
I hab glei gmoant, des kummt ned!
Hätt i bloß was anders gwett!
Aber naa, mei Freind, der Blädl,
sagt: »Des gwinnt bloß Pusztamädl!«
Bin i ned da Allerdümmer?
Mi sehgn s' da herunt jetz nimmer!
Halt, no gschwind a Bladl kafft
– schaugn, was nächstn Renntag lafft.

Stadtviertelsanierung

Wo is er denn, da Brezen-Beck?
Wo is er denn, da Wirt vom Eck?
Furt san s' oi zwoa, 's pressiert:
As Viertel werd saniert.

Wo is denn unser Millifrau
und wo da Metzger Ochsenschlau?
Aa de san furt, 's pressiert:
As Viertel werd saniert.

Wo is denn d' Kastlin mit ihrm Mo?
(As Türschild war fuchzg Jahr' lang dro.)
Furt, auszogn, es pressiert:
As Viertel werd saniert.

Gehst du vorbei an eahnam Haus,
na schaugn dort lauter Türken raus.
Denn Türken san famos:
Die bringt ma schneller los.

Des, Leit, is heit da Lauf der Welt.
A Zahnarzt, drobn vo Bielefeld,
hat 's Haus kafft, repariert
und hat si gscheit saniert.

Kramerladlsterbn

Am Bollinger Konrad,
dem geht heit as Mäu
im örtlichen Ausschuss
von seiner Partei:

»Koan Kramer gibt's boid mehr
bei uns da herauß!
De Großmärkt', de blasn eahna
's Liacht no ganz aus!«

Und nacha doziert er,
ganz gschraubt werd sei Ton,
von Wohnumfeldwert
und von Kommunikation.

Er redt si ganz hoaß,
schlupft gar no aus da Joppn:
»Da Stadtrat, der muaß die
Entwicklung ebn stoppn!«

Doch dann hat er nimmer
lang rumdiskutiert.
Er miaßat jetzt furt,
weil's eahm heit Abend pressiert.

Und drauß vor da Tür
siechst sei Oide scho steh.
»Kumm, schick di!«, sagt s',
»sunst is' z' spät fürn C & C!«

Und treffa s' na dortn
ihrn Kramer vom Eck
– dann schaugn s'
ganz gschwind weg.

Reiche Millionenbettler

Die Münchner lassts uns heid fest feiern,
die mehra zahln ois wia bloß Steiern!
Die sell'n, dene koa Markl z'schad is,
wenn's nur zum Wohl da Münchner Stadt is!

Sie spendn guadn Bürgerrat,
und mancher geht ois Mann der Tat
mit selber gschriebne Aufruf-Zettln
von Tür zu Tür für d' Stadt zum Bettln!

Zahlt werd für Bauwerk', Glockn, Musi
(und mancher zahlt aa no fürs Gspusi).
Doch hebts eich eier Mitleid auf:
So vuis' aa zahln – die zahln nia drauf!

Gansbraten modern oder:
Des is nimmer witzig, Mann

A Ganserl, schee knusprig,
a sämige Soß
und handgriebne Knödl –
des schmeckt hoid nach wos!
Mit Fleischbrüah warm ogmacht:
Kartoffisalat.
As Blaukraut mit Eibrenn –
die Küch war auf Draht!
Doch leider,
im Zeichen der »neien Cuisine«,
kummt's bloß no auf d' Nährstoff' o,
auf d' Vitamine.
Fast roh san die Ruam,
da Salat und as Kraut.
Da gfreit si da Magn,
wenn er des ois verdaut …
As strohtrockne Ganserl
mit Bleamin verziert –
die wern, hoaßt's jetz neiderdings,
mitschnabuliert.
Als waar's was Abstrakts,
so serviert ma des ois.
Des is nimmer witzig, Mann,
des is scho Beuys!

Wenn i so an Teller siech,
denk i: Woaßt was –
i hab hoid koan Kuahmagn,
i bin aa koa Has.
Für mi is as Essen
aa Spaß und Genuss.
Und wenn i ins Gras beiß –
dann erscht ganz zum Schluss!

Vorsicht, uriges Landgasthaus

Des is »in« heit: Landgasthaus,
ned zu weit vor München drauß,
recht a rustikaler Nama,
Kummet san dort Spiaglrahma,
wennst an Platz kriagst, hast a Massl,
Bleamin blüahn im Butterfassl
oder in zerrupfte Kirm,
Bauernwiagn san Lampnschirm,
und da heilig Nepomuk,
indirekt beleicht', ois Schmuck,
zoagt da, dass da Wirt ganz gwiss
ungemein katholisch is.
Da hoaßt's für an echtn Bayern:
Obacht gebn! Und bloß dort feiern,
– weil, sonst waar er wirklich bleed –
wenn die Gschicht auf Spesn geht.

Eine bayerische Schwachstelle:
der Nachahmungstrieb

Ja glaab ma's nur, Bua,
vo der Sortn gibt 's gnua,
dene wo's imponiert,
wenn oam 's Mai geht wia gschmiert,
die wo nassforsche Sprüch'
mit vui »nee« und vui »nich«
so ganz ohne Scheniern
auf Hautsdrei imitiern,
die wo »Mann!« sagn statt »Jessas!«
(weil, sie san ja was Bessas),
die – aa des is koa Witz –
bloß von »Jungs« redn und »Kids«
und die glatt sagn Feld-a-fing,
(grad a so, ois waar's Grafing).

Und doch spannst as glei scho:
Sie san hoid oiwei scho
in Glonn oder Loam
oder Pocking dahoam.
Oder drunt in da Au.
Genau!

Beim Gäubodenfest
in Straubing

Will ein Münchner 's Lebn genießen,
geht er auf d' Oktoberwiesn.
Doch i sag eich: Für an Kenner
is as Gäubodnfest no scheener!

Herst koa Englisch, koa Franzesisch,
koa Japanisch, koa Chinesisch,
kaum amoi a »Nee«, a »Nich«.
Oidboarn san da unter sich.
Und as Dringa macht dir Spaß:
Kannst as no dazahln, die Maß.

Reiche Bauern, stoize Städter,
doch aa kloane Leit und Fretter
ratschn, lassn's owerauschn,
daa'n dabei mit neamds ned dauschn.
Und as Schunkeln und as Gschroa,
des macht d' Musi dort alloa.
Grad spuin s' wieder, ja verreck,
»Ei, ei, ei, ei, de Goaß is weg …«

In der neuen Trabantenstadt

Koa Kreissäg kreischt im Hinterhof,
die Kinder sagn statt »deppert« »doof«,
koa oida Mo schlurft über d' Straß
und holt vom Wirtshaus drübn sei Maß.
(Des bauns' gar ned, die Sakramenter –
bloß Grill-Rooms und a Bowling-Center.)

Koa Standlfrau gibt's und koan Karrer,
koa Kloster, grad hoid no an Pfarrer …
Koa rostigs Radl loahnt am Eck,
koan Metzger siehgst und aa koan Beck,
bloß Supermärkt', aa koane Tandler.
Und für die Buam setzt's glei an Landler,
spuin s' aufm Rasn, groß und laar –
ois ob der bloß zum Oschaugn waar.
Koa Katz siehgst, die an Knocha fieslt,
koan Zamperl, der ans Eck hibieslt.
Die Häuser – oans so faad wia 's ander,
gleich jung fast Weiberleit wia Mannder.
Die Oidn kumma bloß auf Bsuach.
Was ois no fehlt, geht in koa Buach.

No eh i's siech, hab i's scho satt:
des Lebn in da Trabantenstadt.